AF260212

Arthur COPELLO

MODÈLES PRATIQUES

POUR LA

RÉDACTION DES CONDITIONS GÉNÉRALES

DES

CAHIERS DES CHARGES

EN MATIÈRE DE

VENTES SUR SAISIE IMMOBILIÈRE

ET DE

VENTES

SUR LICITATION

DE BIENS DE MINEURS

DE BIENS DOTAUX

OU

DE BIENS DE FAILLI

Dressés suivant les formulaires en usage

dans les études d'avoués

—

1898

Arthur COPELLO

MODÈLES PRATIQUES

POUR LA

RÉDACTION DES CONDITIONS GÉNÉRALES

DES

CAHIERS DES CHARGES

EN MATIÈRE DE

VENTES SUR SAISIE IMMOBILIÈRE

ET DE

VENTES

SUR LICITATION

DE BIENS DE MINEURS

DE BIENS DOTAUX

ou

DE BIENS DE FAILLI

Dressés suivant les formulaires en usage
dans les études d'avoués

1898

NOTICE

J'ai constaté bien des fois, et dans mon emploi de clerc d'avoué et plus tard dans le cours de mon exercice en qualité d'avoué, combien était long et difficultueux le temps nécessité pour la rédaction d'un cahier des charges, soit au clerc (quelquefois unique), chargé de le rédiger, soit à l'avoué lui-même.

J'ai dressé, d'après les formulaires en usage, pour chacune des deux sortes de ventes judiciaires d'immeubles que MM. les Avoués sont appelés à poursuivre, un modèle qui facilitera la rédaction des *conditons générales*, en permettant de recopier textuellement du premier au dernier article, sans que le rédacteur ait à s'occuper des pièces du dossier ou à se reporter à un autre cahier des charges.

J'ai l'humble prétention de rendre plus facile et plus rapide la rédaction d'un acte de procédure très-long en même temps que très-important.

ARTHUR COPELLO,
ancien Avoué.

Nice (Alpes-Maritimes), 3, Rue Garnier.

MODÈLE I.

—

VENTES SUR SAISIE IMMOBILIÈRE

—

CONDITIONS GÉNÉRALES

DE LA VENTE

ARTICLE PREMIER

Transmission de propriété. Garantie. — Les adjudicataires seront propriétaires par le fait seul de l'adjudication. Ils prendront les biens dans l'état où ils se trouveront au jour de l'adjudication sans pouvoir prétendre à aucune diminution de prix ni à aucune indemnité ni garantie contre les créanciers poursuivants, la partie saisie, ses créanciers ou ayant-cause, pour surenchères, dégradations, réparations, erreurs dans la désignation, les confronts, la consistance ou la contenance, ni à raison des droits de mitoyenneté ou de surcharge des murs séparant les dits biens des propriétés voisines alors même que les droits seraient encore dus et sans aucune garantie de mesure, lors même que la différence excèderait un vingtième.

ARTICLE DEUXIÈME

Servitudes. — Les adjudicataires, qu'il y ait ou non déclaration expresse, jouiront des servitudes actives et souffriront les servitudes passives, occultes ou apparentes, déclarées ou non, ainsi que l'effet des clauses dites domaniales, sauf à faire valoir les unes et à se défendre des autres, à leurs risques, périls et fortune, sans aucun recours contre les créanciers poursuivants, la partie saisie ou ses créanciers, sans pouvoir réclamer de diminution de prix et sans que la présente clause puisse attribuer soit aux adjudicataires, soit aux tiers, d'autres et plus amples droits que ceux résultant des titres ou de la loi.

ARTICLE TROISIÈME

Entrée en jouissance. — Les adjudicataires, propriétaires par le fait seul de l'adjudication, n'auront droit à la percep-

tion des loyers, qu'à partir du premier
jour du terme qui suivra cette adjudication;
pour les fermes ou biens ruraux affermés,
ils ne percevront les fermages qu'à partir
de ceux qui représentent la récolte pendante
au jour de l'adjudication ; pour les fermes
ou biens ruraux non affermés, si la vente
a lieu avant la récolte, les adjudicataires
entreront en jouissance à compter du jour
de l'adjudication, mais ils rembourseront
à qui de droit, indépendamment du prix
d'adjudication, et lors du paiement de ce
prix, les frais de labours, semences et
culture dont il sera justifié ; et pour ce qui
concerne les bois, les adjudicataires ne
pourront commencer l'exploitation que
par la coupe ordinaire dont la date sera
fixée dans les conditions particulières ou
articles additionnels qui seront énoncés
dans le présent cahier des charges.

ARTICLE QUATRIÈME

Contributions, intérêts. — Les adjudicataires supporteront les contributions et

charges de toute nature dont les biens exposés en vente sont ou seront grevés à compter du jour fixé pour leur entrée en jouissance des revenus et pour les biens ruraux à compter du premier janvier de l'année dont la récolte leur appartiendra. Ils devront les intérêts de leur prix à raison de cinq pour cent par an, sans aucune retenue, à compter de leur entrée en jouissance jusqu'au paiement intégral du dit prix. Pour les biens dont la nue-propriété seule serait exposée en vente, les adjudicataires devront supporter les contributions et payer les intérêts de leur prix à partir du jour de l'adjudication ; ils ne devront payer à partir de cette même époque les impôts qu'autant que le titre constitutif de l'usufruit les met à la charge du nu-propriétaire.

ARTICLE CINQUIÈME

Baux et locations. — Les adjudicataires seront tenus d'exécuter les locations verbales pour le temps qui en restera à courir au moment de l'adjudication, d'après l'usage des lieux. Ils seront également tenus d'exécuter, pour le temps qui en restera à courir, les baux faits par la partie saisie ; toutefois, ceux des dits baux qui n'auront pas acquis date certaine avant le commandement, pourront être annulés si les créanciers ou l'adjudicataire le demandent.

Les adjudicataires tiendront compte, en sus et sans diminution de leur prix, aux différents locataires, des loyers qu'ils justifieront avoir payés d'avance et qui auront été déclarés, soit dans le présent cahier des charges, soit dans un dire à la suite, avant la publication. A défaut de cette déclaration l'adjudicataire tiendra compte aux locataires des loyers qu'ils justifieront avoir régulièrement payés d'avance et ils en retiendront le montant sur le prix de leur adjudication.

Article sixième

Assurance contre l'incendie. — Les adjudicataires devront entretenir à partir du jour de l'adjudication, et pour tout le temps qui en reste à courir, toute police d'assurance contre l'incendie qui a pu être contractée, et payer, à partir de cette époque, les primes et droits, de telle manière que les créanciers poursuivants, la partie saisie ou les créanciers inscrits, ne puissent être aucunement poursuivis, inquietés, ni recherchés.

ARTICLE SEPTIÈME

Droits d'enregistrement et autres. — Les adjudicataires seront tenus d'acquitter, en sus et sans diminution de leur prix, tous les droits d'enregistrement, de greffe et autres auxquels l'adjudication donnera lieu. Les droits qui pourront être dus ou perçus à l'occasion des locations ne seront à la charge des adjudicataires que pour le temps postérieur à leur entrée en jouissance, sauf leur recours, s'il y a lieu, contre leurs locataires ; la portion des droits applicable au temps antérieur à leur entrée en jouissance, dans le cas où ils auraient été avancés par les adjudicataires, sera retenue par eux sur le prix principal de leur adjudication.

ARTICLE HUITIÈME

Frais de poursuite. — Les adjudicataires paieront entre les mains et sur la quittance de l'avoué poursuivant, en sus de leur prix et dans les dix jours de leur adjudication, la somme à laquelle auront été taxés les frais faits pour parvenir à la vente et à l'adjudication des biens sus-désignés et qui seront déclarés avant la vente.

Ils paieront également dans le même délai, entre les mains et sur la quittance de l'avoué poursuivant, et en sus du prix d'adjudication, le montant de la remise proportionnelle fixée par la loi.

La grosse du jugement d'adjudication ne pourra être délivrée par le greffier du Tribunal qu'après la remise qui lui aura été faite de la quittance des dits frais, laquelle demeurera annexée à la minute du jugement d'adjudication.

Article neuvième

Levée et signification du jugement d'adjudication. — Les adjudicataires seront tenus de lever leur jugement d'adjudication et de le faire signifier à la partie saisie, dans le mois de l'adjudication, le tout à leurs frais.

Article dixième

Transcription. — Dans la quinzaine suivante, les adjudicataires seront tenus de faire transcrire, à leurs frais, leur jugement d'adjudication au bureau des hypothèques dans l'arrondissement duquel sont situés les biens adjugés et ce, afin d'assurer par l'inscription d'office le privilège du vendeur au profit de la partie saisie et de ses ayant-cause.

Les adjudicataires seront tenus, s'ils en sont requis, de justifier sans délai, qu'ils ont déposé aux hypothèques la grosse ou l'expédition du jugement d'adjudication.

Faute par eux de satisfaire à ces conditions dans les délais prescrits ci-dessus, les créanciers poursuivants, la partie saisie ou les créanciers inscrits, pourront, trois jours après une mise en demeure, se faire délivrer par le greffier du Tribunal, la grosse du jugement d'adjudication, aux frais des adjudicataires, sans être obligés de remplir les formalités prescrites par la loi pour parvenir à la délivrance d'une deuxième grosse, et ils auront le droit de faire transcrire cette grosse au dit bureau des hypothèques, a l'effet d'obtenir l'inscription d'office. Ils pourront également se faire délivrer tous extraits du jugement d'adjudication et prendre toutes inscriptions de privilège et d'hypothèque, le tout aux frais des dits adjudicataires.

Enfin, ils pourront encore poursuivre les adjudicataires par la voie de la folle-enchère et ces derniers ne pourront arrêter cette poursuite qu'en justifiant, à leurs frais, de l'existence utile du privilège du vendeur au profit de la partie saisie ou de ses créanciers inscrits et ayant-cause.

Article onzième

Paiement du prix. — Après l'expiration des délais ci-dessus accordés pour l'accomplissement des formalités de levée, signification et transcription du jugement d'adjudication, les adjudicataires seront tenus à la première réquisition de payer leur prix, en principal et intérêts, à la partie saisie, aux créanciers inscrits ou aux délégataires s'il en existe, dans la Ville où siège le Tribunal qui a prononcé l'adjudication.

Le prix sera payé en espèces d'or et d'argent ayant actuellement cours de monnaie et non autrement.

Les adjudicataires, par le seul fait de leur adjudication renonceront à invoquer toutes lois et ordonnances qui pourraient introduire le cours forcé de papier-monnaie, effets publics et autres valeurs.

Dans le cas où un an après l'adjudication la partie saisie ou les créanciers inscrits ne seraient pas en mesure de recevoir le prix, ils auront le droit de faire consigner chaque année échue des intérêts du prix seulement.

Les adjudicataires ne pourront sous aucun prétexte faire des offres réelles ou consigner leur prix à la Caisse des Dépôts et Consignations avant le règlement de l'ordre amiable ou judiciaire à intervenir pour la distribution de ce prix.

Le règlement terminé et après le délai d'un mois, à partir du dit règlement, les adjudicataires pourront déposer à la Caisse des Dépôts et Consignations suivant les formes de droit, les prix ou portion de prix revenant à des personnes qui ne seraient pas alors en mesure de recevoir et quittancer valablement.

Article douxième

Prohibition de détériorer les immeubles vendus. — Avant le paiement intégral de leur prix, les adjudicataires ne pourront faire aucune détérioration, ni aucun changement notable, aucune démolition ni coupe extraordinaire de bois dans les biens

adjugés, à peine d'être contraints immédiatement à la consignation de leur prix, même par la voie de la folle-enchère.

Dans le cas où cette consignation aurait ainsi lieu avant l'expiration des délais et des termes indiqués dans l'article précédent, les adjudicataires devront indemniser les créanciers saisissants, la partie saisie ou ses ayant-cause de la perte que cette consignation leur ferait éprouver, soit pour le temps pendant lequel la Caisse des Dépôts et Consignations ne sert pas d'intérêts, soit pour la différence existant entre l'intérêt à cinq pour cent l'an et celui servi par la Caisse des Dépôts et Consignations.

Article treizième

Titres de propriété. — La partie poursuivante n'ayant pas en sa possession les titres de propriété des biens saisis, les adjudicataires n'en devront exiger aucun; mais ils sont autorisés à se faire délivrer à leurs frais, par tous dépositaires, des expé-

ditions ou extraits de tous actes concernant
la propriété des biens vendus.

ARTICLE QUATORZIÈME

Réception des enchères. — Les enchères
ne seront reçues conformément à l'article
sept cent cinq du Code de Procédure Civile
que par le ministère d'Avoués exerçant
près le Tribunal Civil devant lequel a lieu
la poursuite en saisie immobilière.

ARTICLE QUINZIÈME

Des commands. — Il est expressément
réservé aux adjudicataires la faculté de
déclarer command dans les vingt-quatre
heures de leur adjudication ou de la déclaration faite au greffe à leur profit par
l'avoué qui se sera rendu adjudicataire ; mais
dans le cas où ils useraient de cette faculté
ceux qu'ils se seront substitués en tout ou
en partie seront solidairement obligés avec
eux au paiement du prix et des charges de
l'enchère.

Les coadjudicataires seront de même

obligés solidairement au paiement du prix et à l'exéution des conditions de l'adjudication.

ARTICLE SEIZIÈME

Folle-enchère. — A défaut par les adjudicataires d'exéuter l'une des clauses et conditions de l'adjudication, de payer leur prix, ou suivant le cas de consigner tout ou partie de leur prix, les créanciers poursuivants, la partie saisie et tous autres ayant-cause du débiteur saisi pourront faire revendre les biens par folle-enchère dans les formes prescrites par les articles sept cent trente trois et suivants du Code de Procédure Civile.

Si le prix de la nouvelle adjudication est inférieur à ce qui sera dû en principal, intérêts et frais sur le prix de la première adjudication, le fol-enchérisseur sera contraint au paiement de la différence en principal et accessoires par toutes les voies de droit conformément à l'article sept cent quarante du Code de Procédure Civile.

Dans le cas où le prix principal de la seconde adjudication serait supérieur à celui de la première la différence appartiendra à la partie saisie ou à ses créanciers.

Dans aucun cas le fol-enchérisseur ne pourra répéter soit contre le nouvel adjudicataire, soit contre les créanciers poursuivants, la partie saisie ou les créanciers inscrits, à qui ils demeureront acquis à titre de dommages-intérêts, les frais de poursuite de vente, ni ceux d'enregistrement, de greffe, d'hypothèque et autres, qui auraient été payés et qui profiteront au nouvel adjudicataire.

Le fol-enchérisseur ne pourra également répéter contre les créanciers poursuivants a partie saisie ou les créanciers inscrits, es intérêts de son prix qu'il aurait pu payer ou consigner et qui demeureront acquis comme ci-dessus à la partie saisie ou à ses ayant-cause.

L'adjudicataire sur folle-enchère devra les intérêts de son prix du jour de l'adjudication à lui faite, sauf le recours de la partie saisie ou de ses ayant-cause contre le fol-enchérisseur pour les intérêts courus dans l'intervalle de la première à la seconde adjudication.

L'adjudicataire sur folle-enchère devra faire transcrire son jugement d'adjudication dans les termes de l'article dix ci-dessus. Il devra également répéter toutes les formalités imposées aux adjudicataires primitifs sous peine d'être contraint par les mêmes moyens. En conséquence les créanciers poursuivants, la partie saisie ou ses ayant-cause auront le droit de se faire délivrer dans les formes prescrites par les articles qui précèdent et dans les délais ci-dessus indiqués une grosse du jugement d'adjudication, comme aussi de prendre toutes autres mesures énoncées ci-dessus toujours aux frais de l'adjudicataire, sans préjudice de toutes autres voies d'exécution.

ARTICLE DIX-SEPTIÈME

Attribution de Juridiction. — Le Tribunal civil de première instance ayant prononcé l'adjudication sera seul compétent pour connaître de toutes contestations relatives à l'exécution des conditions de l'adjudication et à ses suites, quels que soient la nature des dites contestations et le lieu du domicile des parties intéressées.

ARTICLE DIX-HUITIÈME

Élection de domicile. — Les adjudicataires seront tenus d'élire domicile dans la ville où siège le Tribunal qui connait de la saisie pour l'exécution des charges et conditions de l'adjudication ; sinon et par le fait seul de l'adjudication, ce domicile sera élu de droit chez l'avoué qui se sera rendu adjudicataire.

Les créanciers poursuivant élisent domicile en l'étude de l'avoué soussigné poursuivant la présente vente. Les domiciles élus conserveront leur effet quels que soient les changements qui pourraient survenir dans les qualités ou l'état des parties. Dans le cas où l'une d'elles changerait de domicile élu, la nouvelle élection devra toujours être faite au lieu où siège le Tribunal qui connait de la saisie, à peine de nullité.

Les domiciles élus seront attributifs de juridiction même pour le préliminaire de conciliation. Les actes d'exécution ainsi que ceux sur la folle enchère, les exploits d'offres réelles et d'appel et tous autres y seront valablement signifiés.

Les dispositions ci-dessus seront applicables aux cohéritiers, représentants, cessionnaires et à tous autres ayant-cause.

ARTICLE DIX-NEUVIÈME

Mises à prix. — Outre les charges, clauses et conditions insérées au présent cahier des charges les enchères seront reçues sur les mises à prix fixées par le poursuivant pour chaque lot à . . . . .

Fait et rédigé par l'avoué soussigné à . . . . le . ſ . .

MODÈLE II.

—

VENTES

SUR LICITATION

DE BIENS DE MINEURS

DE BIENS DOTAUX

OU DE BIENS DE FAILLI

———

CONDITIONS GÉNÉRALES

DE LA VENTE

ARTICLE PREMIER

Transmission de propriété. — Garantie.
Les adjudicataires seront propriétaires par
le fait seul de l'adjudication. Ils prendront
les biens dans l'état où ils se trouveront au
jour de l'adjudication sans pouvoir prétendre à aucune diminution de prix ni à
aucune indemnité et garantie contre les
vendeurs, pour surenchères, dégradations,
réparations, erreurs dans la désignation,
les confronts, dans la consistance ou dans
la contenance, ni même à raison de la
mitoyenneté des murs séparant les dits biens
des propriétés voisines, alors même que les
droits seraient encore dus et sans aucune
garantie de mesure, lors même que la différence excéderait un vingtième.

Article deuxième

Servitudes. — Les adjudicataires, qu'il y ait ou non déclaration expresse, jouiront des servitudes actives et souffriront des servitudes passives, occultes ou apparentes, déclarées ou non, ainsi que l'effet des clauses dites domaniales, sauf à faire valoir les unes et à se défendre des autres, à leurs risques, périls et fortune, sans aucun recours contre les vendeurs, sans pouvoir réclamer de diminution de prix et sans que la présente clause puisse attribuer, soit aux adjudicataires, soit aux tiers, d'autres et plus amples droits que ceux résultant des titres ou de la loi.

Article troisième

Entrée en jouissance. — Les adjudicataires quoique propriétaires par le fait seul de l'adjudication, n'entreront cependant en jouissance pour la perception des loyers qu'à partir du premier jour du terme qui suivra cette adjudication ; pour les fermes ou biens ruraux affermés ils ne percevront

les fermages qu'à partir de ceux qui représentent la récolte pendante au jour de l'adjudication ; pour les fermes ou biens ruraux
non affermés, si la vente a lieu avant la
récolte, les adjudicataires entreront en jouissance à compter du jour de l'adjudication,
mais ils rembourseront à qui de droit, indépendamment du prix d'adjudication, et lors
du paiement de ce prix, les frais de labours,
semences et cultures dont ils sera justifié ;
et pour ce qui concerne les bois, les adjudicataires ne pourront commencer l'exploitation que par la coupe ordinaire dont la
date sera fixée dans les conditions particulières ou articles additionnels qui seront
énoncés dans le présent cahier des charges.

Article quatrième

Contributions. — Intérêts. — Les adjudicataires supporteront les contributions et
charges de toute nature dont les bien exposés
en vente sont ou seront grevés à compter
du jour fixé pour leur entrée en jouissance
des revenus ; et pour les biens ruraux à

compter du premier janvier de l'année dont la récolte leur appartiendra.

Ils devront les interêts de leur prix à raison de cinq pour cent par an, sans aucune retenue, à compter de leur entrée en jouissance jusqu'au paiement intégral du dit prix. Pour les biens dont la nue-propriété seule serait exposée en vente, les adjudicataires devront supporter les contributions et payer les interêts de leurs prix à partir du jour de l'adjudication; ils ne devront payer à partir de cette même époque les impôts qu'autant que le titre constitutif de l'usufruit les met à la charge du nu-propriétaire.

ARTICLE CINQUIÈME

Baux et locations. — Les adjudicataires seront tenus d'exécuter les locations verbales pour le temps qui en restera à courir au moment de l'adjudication, d'après l'usage des lieux. Il seront également tenus d'exécuter, pour le temps qui en restera à courir les baux en cours d'exécution, sauf à eux de prendre avec les locataires tels arrangements qu'ils aviseront ; d'exercer s'il y a lieu, et à leurs risques et périls, telle action que de droit à raison des baux sus-mentionnés.

ARTICLE SIXIÈME

Assurance contre l'incendie. — Les adjudicataires devront entretenir à partir du jour de l'adjudication, et pour tout le temps qui en reste à courir, toute police d'assurance contre l'incendie qui a pu être contractée, relativement aux risques concernant les immeubles à eux adjugés, et payer à partir de cette époque, les primes et droits de telle manière que les vendeurs ne puissent être aucunement poursuivis, inquiétés, ni recherchés. Ils devront en outre tenir les biens à eux adjugés constamment assurés par une grande Compagnie, jusqu'à parfaite libération. En cas de sinistre, avant le paiement intégral du prix, l'indemnité appartiendra aux vendeurs pour leur tenir lieu de garantie, et

le procès-verbal ou le jugement d'adjudication leur vaudra transport et délégation
à cet égard.

ARTICLE SEPTIÈME

Droits d'enregistrement et autres. — Les
adjudicataires seront tenus d'aquitter, en
sus et sans diminution de leur prix, tous
les droits d'enregistrement, de greffe et
autres auxquels l'adjudication donnera
lieu.

ARTICLE HUITIÈME

Frais de poursuite. — Les adjudicataires
paieront entre les mains et sur la quittance
des avoués poursuivant et colicitants, en
sus de leur prix et dans les dix jours de
leur adjudication la somme à laquelle
auront été taxés les frais faits pour parvenir à la vente et à l'adjudication des
biens sus-désignés et qui seront déclarés
avant la vente.

Ils paieront également dans le même
délai, entre les mains et sur la quittance
des avoués poursuivant et colicitants, et

en sus du prix d'adjudication, le montant de la remise proportionnelle fixée par la loi.

La grosse du iugement d'adjudication ne pourra être délivrée par le greffier du Tribunal, qu'après la remise qui lui aura été faite de la quittance des dits frais, laquelle demeurera annexée à la minute du jugement d'adjudication.

Article neuvième

Levée et signification du jugement d'adjudication.—Les adjudicataires seront tenus de lever leur jugement d'adjudication et de le faire signifier dans le mois de l'adjudication, le tout à leurs frais.

Article dixième

Transcription. — Dans les trente-cinq jours de leur adjudication, les adjudicataires seront tenus de faire transcrire à leurs frais le procès-verbal ou le jugement d'adjudication, au bureau des hypothèques dans l'arrondissement duquel sont situés les biens adjugés et ce, afin d'assurer par l'inscription d'office au profit des vendeurs le privilège prévu par l'article deux mille cent huit du Code civil.

Les adjudicataires seront tenus, s'ils en sont requis, de justifier sans délai, qu'ils ont déposé aux hypothèques l'expédition du procès-verbal ou du jugement d'adjudication.

Faute par eux de satisfaire à ces conditions dans le délai prescrit, les vendeurs pourront trois jours après une mise en demeure se faire délivrer par le greffier du Tribunal une expédition ou une grosse du procès-verbal ou du jugement d'adjudication aux frais des adjudicataires, sans être obligés de remplir les formalités prescrites par la loi pour parvenir à la délivrance d'une deuxième grosse, et ils auront le droit de faire transcrire cette grosse audit bureau des hypothèques à l'effet d'obtenir l'inscription d'office. Les vendeurs pourront également se faire délivrer tous extraits du procès-verbal ou du jugement d'adjudication et prendre toutes inscriptions de privilège et d'hypothèque, le tout aux frais des dits adjudicataires. Enfin ils peuvent encore poursuivre les adjudicataires par la voie de la folle-enchère et ces derniers ne pourront arrêter cette poursuite qu'en justifiant, à leurs frais, de l'existence utile du privilège du vendeur.

Article onzième

Formalités en cas d'inscriptions. — Si sur la transcription ou pendant la quinzaine qui la suivra il survient des inscriptions du chef des vendeurs ou de leurs auteurs, les adjudicataires devront en dénoncer l'état à l'avoué poursuivant, aux frais des vendeurs, par acte d'avoué à avoué, dans la quinzaine de la délivrance de cet état. Les vendeurs auront à compter de cette dénonciation, un délai de dix jours pour rapporter aux adjudicataires le certificat de radiation de ces inscriptions.

Pendant ce délai, les adjudicataires ne pourront faire aux créanciers les notifications prescrites par les articles deux mille cent quatre-vingt-trois et deux mille cent quatre-vingt-quatre du Code civil, à moins qu'ils n'y soient contraints par les poursuites d'un créancier inscrit; ils ne pourront non plus faire ni offres réelles, ni consignation, ni aucune diligence pour opérer leur libération.

Dans le cas où l'état révèlerait des inscriptions prises seulement sur un ou plusieurs des vendeurs, le paiement ne pourra être empêché que pour les portions du prix revenant aux vendeurs grevés et les adjudicataires devront payer les portions libres.

Article douzième

Purge légale.—Les adjudicataires auront un délai de quatre mois, pour remplir, s'ils le jugent convenable, et à leurs frais, les formalités nécessaires à l'effet de purger les hypothèques légales dont les biens pourraient être grevés.

ARTICLE TREIZIÈME

Paiement des prix. — Après l'expiration des délais ci-dessus accordés pour purger des hypothèques de toute nature, soit que les adjudicataires aient ou non rempli toutes les formalités, ils seront tenus, à la première réquisition, de payer leur prix en principal et intérêts aux vendeurs ou aux délégataires s'il en existe, dans la ville où siège le Tribunal où l'adjudication a été prononcée.

Le prix sera payé en espèces d'or et d'argent ayant actuellement cours de monnaie et non autrement.

Les adjudicataires par le fait seul de leur adjudication renonceront à invoquer toutes lois et ordonnances qui pourraient introduire le cours forcé de papier-monnaie, effets publics et autres valeurs.

Dans le cas ou un an après l'adjudication les vendeurs ne seraient pas en mesure de recevoir le prix, ils auront le droit de faire consigner chaque année échue des intérêts du prix seulement.

Article quatorzième

Prohibition de détériorer les immeubles vendus. — Avant le paiement intégral de leur prix, les adjudicataires ne pourront faire aucune détérioration, ni aucun changement notable, aucune démolition, ni coupe extraordinaire de bois dans les biens vendus à peine d'être contraints immédiatement à la consignation de leur prix, même par la voie de la folle-enchère.

Dans le cas où cette consignation aurait ainsi lieu avant que les vendeurs fussent en mesure de recevoir le prix, les adjudicataires devront les indemniser de la perte que cette consignation leur ferait éprouver, soit pour le temps pendant lequel la Caisse des Dépôts et Consignations ne sert pas d'intérêts, soit pour la différence existant entre l'intérêt à cinq pour cent l'an et celui servi par la Caisse des Dépôts et Consignations.

Article quinzième

Remise de titres. — Les vendeurs remettront aux adjudicataires, lors du paiement du prix, les titres de propriété 'qu'ils peuvent avoir en leur possession. Dans tous les cas les adjudicataires sont autorisés à se faire délivrer à leurs frais par tous dépositaires, des expéditions ou extraits de tous actes concernant la propriété des biens vendus.

ARTICLE SEIZIÈME

Réception des enchères. — Les enchères ne seront reçues, conformément à l'article sept cent cinq du Code de Procédure Civile que par le ministère d'avoués exerçant près le Tribunal Civil devant lequel se poursuit la vente.

ARTICLE DIX-SEPTIÈME

Des commands. — Il est expressément réservé aux adjudicataires la faculté de déclarer command dans les vingt-quatre heures de leur adjudication ou de la déclaration faite au greffe à leur profit par l'avoué qui se sera rendu adjudicataire ; mais dans le cas ou ils useraient de cette faculté, ceux qu'ils se seront substitués en tout ou

en partie seront solidairement obligés avec
eux au paiement du prix et des charges de
l'enchère.

Les co-adjudicataires seront de même obligés solidairement au paiement du prix et
à l'exécution des conditions de l'adjudication.

ARTICLE DIX-HUITIÈME

Folle-enchère. — A défaut par les adjudicataires d'exécuter l'une des clauses et
conditions de l'adjudication, de payer leur
prix, ou suivant le cas de consigner tout ou
partie de leur prix, les vendeurs ou leurs
créanciers pourront faire revendre les biens
par folle enchère dans les formes prescrites
par les articles sept cent trente-trois et
suivants du code de Procédure Civile.

Si le prix de la nouvelle adjudication est
inférieur à ce qui sera dû en principal,
intérêts et frais sur le prix de la première
adjudication, le fol enchérisseur sera
contraint au paiement de la différence en
principal et accessoires par toutes les voies

de droit conformément à l'article sept cent quarante du code de Procédure Civile.

Dans le cas où le prix principal de la seconde adjudication serait supérieur à celui de la première, la différence appartiendra aux vendeurs ou à leurs créanciers.

Dans aucun cas le fol enchérisseur ne pourra répéter soit contre le nouvel adjudicataire, soit contre les vendeurs ou leurs créanciers, à qui ils demeureront acquis à titre de dommages-intérêts, les frais de poursuite de vente, ni ceux d'enregistrement, de greffe, d'hypothèque et autres, qui auraient été payés et qui profiteront au nouvel adjudicataire.

Le fol-enchérisseur ne pourra également répéter contre les vendeurs ou leurs créanciers, les intérêts de son prix qu'il aurait pu payer ou consigner et qui demeureront acquis comme ci-dessus aux vendeurs ou à leurs ayant cause.

L'adjudication sur folle-enchère devra les intérêts de son prix du jour de l'adjudication à lui faite, sauf le recours des vendeurs ou ayant-cause contre le fol-enchérisseur, pour les intérêts courus dans l'intervalle de la première à la seconde adjudication.

Les conditions ci-dessus sont applicables même au cohéritier ou copropriétaire adjudicataire.

L'adjudicataire sur folle-enchère devra faire transcrire son jugement d'adjudication dans les termes indiqués ci-dessus. Il devra également répéter toutes les formalités imposées aux adjudicataires primitifs sous peine d'être contraint par les mêmes moyens. En conséquence, les vendeurs ou ayant cause auront le droit de se faire délivrer dans les formes prescrites par les articles qui précèdent et dans les délais sus-indiqués une grosse du jugement d'adjudication, comme aussi de prendre toutes autres mesures précédemment énoncées toujours aux frais de l'adjudicataire, sans préjudice de toutes autres voies d'exécution.

ARTICLE DIX-NEUVIÈME

Attribution de juridiction. — Le Tribunal Civil de première instance devant lequel s'est poursuivie la présente vente, sera seul compétent pour connaître de toutes contestations relatives à l'exécution des conditions de l'adjudication et à ses suites, quels que soient la nature des dites contestations et le lieu du domicile des parties intéressées.

ARTICLE VINGTIÈME

Élection de domicile. — Les adjudicataires seront tenus d'élire domicile dans la Ville où siège le Tribunal, qui connaît de la vente pour l'exécution des charges et conditions de l'adjudication ; sinon et par le fait seul de l'adjudication ce domicile sera élu de droit chez l'avoué qui se sera rendu adjudicataire.

Les vendeurs élisent domicile chacun en l'étude de leur avoué respectif. Les domiciles élus conserveront leur effet quels que

soient les changement qui pourraient survenir dans les qualités ou l'état des parties.
Dans le cas où l'une d'elles changerait de
domicile élu, la nouvelle élection devra toujours être faite au lieu où siège le Tribunal
qui connaît de la vente à peine de nullité.

Les domiciles élus seront attributifs de
juridiction même pour le préliminaire de
conciliation. Les actes d'exécution, ainsi
que ceux sur la folle-enchère, les exploits
d'offres réelles et d'appel et tous autres y
seront valablement signifiés.

ARTICLE VINGT-UNIÈME

Mises à prix. — Outre les charges clauses et conditions insérées au présent cahier,
les enchères seront reçues sur les mises à
prix fixées par le jugement ayant ordonné
la vente, à la somme de . . . .

Fait et rédigé par l'avoué soussigné,
à . . . . le . . .

NICE

IMPRIMERIE SPÉCIALE DU "PETIT NIÇOIS"

43, boulevard Dubouchage et 15-17, rue St-Michel

—

1898